Für Weinliebhaber

KORSCH VERLAG

Ohne Brot und Wein
friert die Venus.

Terenz

Der Wein ist die edelste
Verkörperung des Naturgeistes.

Friedrich Hebbel

Die besten Vergrößerungsgläser
für die Freuden dieser Welt sind jene,
aus denen man trinkt.

Joachim Ringelnatz

Guter Wein ist der beste
Gesellschafter.

William Shakespeare

MILES
FINEST MADEIRA
BUAL
1963
COSSART GORDON
MADEIRA
BLANDY'S
MADEIRA
LEACOCK'S
15
MADEIRA

Man kann, wenn wir es überlegen,
Wein trinken fünf Ursachen wegen:
Einmal um eines Festtags wegen,
sodann vorhandenen Durst zu stillen,
ingleichen künftigen abzuwehren,
ferner dem guten Wein zu Ehren
und endlich um jeder Ursache willen.

Friedrich Rückert

Der Wein erfreut des Menschen Herz und die Freudigkeit ist die Mutter aller Tugenden.

Johann Wolfgang von Goethe

Das Leben ist
viel zu kurz,
um schlechten
Wein zu trinken.

Johann Wolfgang von Goethe

Montalcino

Wer Wein trinkt,
schläft gut.
Wer gut schläft,
sündigt nicht.
Wer nicht sündigt,
wird selig.
Wer also gut Wein trinkt,
wird selig.

William Shakespeare

Wein entdeckt
die Geheimnisse
des Herzens.

Aus China

Livio Felluga
Sossó
Sossó
Livio Felluga

Vom Urbeginn der Schöpfung ist
dem Wein eine Kraft beigegeben,
um den schattigen Weg der Wahrheit
zu erhellen.

Dante

Regen lässt das Gras wachsen,
Wein das Gespräch.

Aus Schweden

Wein ist Poesie in Flaschen.

Robert Louis Stevenson

Was ist des Lebens höchste Lust?
Die Liebe und der Wein.

Joachim Perinet

Der Wein heilt und
erfreut den Menschen mit
seiner wohltuenden
Wärme und großen Kraft.

Hildegard von Bingen

Was für ein einfaches und genügsames Ding das Glück doch ist: ein Glas Wein, eine geröstete Kastanie, ein winzig kleines Kohlenfeuer, der Klang des Meeres... Alles, was du brauchst, um das Glück im Hier und Jetzt zu erfahren, ist ein einfaches, genügsames Herz.

Nikos Kazantzakis

Gondwana Desert Collection
Namibia

Ab und zu ist es eine Freude,
einen von Wein und Rosen
rot gefärbten Tisch zu haben.

Oscar Wilde

Füllet die Becher mit
köstlichem Wein.
Es wachse die Freude,
es schwinde die Pein.

Francesco Maria Piave

Der Wein ist ein Ding,
in wunderbarer Weise
für den Menschen geeignet,
vorausgesetzt, dass er bei
guter und schlechter Gesundheit
sinnvoll und in rechtem Maße
verwandt wird.

Hippokrates

Der Nutzen des Weines
kann der Kraft der Götter
gleichgesetzt werden.

Plinius

Wein erfrischt matte Kräfte,
Traurigkeit verscheucht er,
alle Müdigkeit der Seele verjagt er.

Augustinus

1987
1991
1994

Der Wein ist unter
den Getränken das nützlichste,
unter den Arzneien
die schmackhafteste,
und unter den Nahrungsmitteln
das angenehmste.

Plutarch

Der Wein steigt in das Gehirn,
macht es sinnig,
schnell und erfinderisch,
voll von feurigen
und schönen Bildern.

William Shakespeare

Das Geräusch eines Korkens
erinnert mich an das Hochgehen
des Vorhangs bei einer Premiere:
Nur Gott allein weiß,
was uns da erwartet.

François Mauriac

Bildnachweis:
Titelbild: Anthony-Masterson/STOCKFOOD, Bild 1: Botanica/mauritius-images,
Bild 2: A. Faber/STOCKFOOD, Bild 3: Glasshouse/mauritius-images, Bild 4: Gräfenhain/Bildarchiv Huber,
Bild 5: Flayols/photocuisine/CORBIS, Bild 6: Giovanni/Bildarchiv Huber,
Bild 7: P. Seheult/Eye Ubiquitous/CORBIS, Bild 8: Anthony-Masterson/STOCKFOOD,
Bild 9: Bernhart/Bildarchiv Huber, Bild 10: H.-P. Siffert/STOCKFOOD, Bild 11: J. Sarpa/STOCKFOOD,
Bild 12: Food and Drink/mauritius-images, Bild 13: H.-P. Siffert/STOCKFOOD,
Bild 14: Food Image Source/P. Moore/STOCKFOOD, Bild 15: imagebroker.net/mauritius-images,
Bild 16: Envision/CORBIS, Bild 17: G. Rossenbach/mauritius-images, Bild 18: J. Lehmann/STOCKFOOD,
Bild 19: Gabula Art-Foto/STOCKFOOD, Bild 20: H. Holler/STOCKFOOD, Bild 21: Foodpix/mauritius-images,
Bild 22: Fantuz/Bildarchiv Huber, Bild 23: Gabula Art-Foto/STOCKFOOD

Redaktion: Beate Läudle
Gestaltung: Barbara Vath
Satz: sysline-media, Oliver Altmann, Windach
Lithografie: Repro Brüll, A-Saalfelden
Druck und Bindung: Uhl, Radolfzell
Printed in Germany
ISBN 978-3-7827-3884-2

Verlagsverzeichnis schickt gern:
A. Korsch Verlag GmbH & Co. KG, Postfach 10 80, 82195 Gilching
www.korsch-verlag.de